# 마음을 나눠주는 사랑의 말씀

단아 손영희 쓰고 엮음

나무생각

참으로 사랑하는 내 귀한 딸아, 너는 기쁨의 딸이라 내가 진정 너를 사랑하며, 귀히 여기며 언제나 기쁨을 이기지 못하노라 더욱더 온전케 되어 온전히 기뻐하라 온전히 찬양하라 내가 진정 너에게 말하노니 나는 찬양 받기에 합당한 너의 하나님임을 알기 원하노라 내가 너로 이제는 새롭게 하리라 네가 가진 모든 것, 나로 알고 믿어왔던, 품고 있는 모든 부분을 허물 것이라 진정 다져지고 다져진 너의 반석 믿음 가운데 하나 하나 나로 인해 세워 가리라 그것은 무너지지 아니하고, 흔들리지도 아니하며 부딪힘도 없느니라 사랑하는 딸아 이제는 나를 바라보기를 원하노라 상황에 매이지 마라 언제나 너에게 최고의 것을 주는 것을 신뢰하라 잊지 않고 마음에 새기고 기쁨으로 받으라 기뻐하라 내면이 채워짐을 보게 되리라 속 안이 채워지기를 원하노라 여지껏 나의 이끄는 것으로 인해 기도한 모든 것을 받았으며 이루는 것은 나 하나님이라 자유하라 기도한 것에 대해 신뢰하는 마음만 가져라 상황을 보지 마라 자유함을 얻으라 진리가 너에게 자유케 하리라 내면을 채우며 나를 받아들이라 온전히 받아들이면 살찌게 되리라 풍성하게 되리라 너의 인간적이고, 정욕적인 부분으로 채워진 것을 쓸어버리리라 예수의 이름만이 네 심령 가운데 거하게 하라 내가 이루어 가리라 당당하라 담대히 나가라 이제 네가 강한 힘으로 나가기를 원하노라 그럴 때에 모든 것을 차지하고 갖는 것은 너니라 이제 내가 너와 함께 이루리라 내가 이룸을 인정하길 원하노라 굳건한 마음으로, 신뢰하는 믿음으로 나가기를 원하노라 너를 통해서 나의 나라와 의를 세우리라 화평케 하는 자로 너를 택하였노라 너의 기도를 듣고, 너의 마음을 헤아리는 아버지임을 인정하라. – 글씨 쓴 이가 주님으로부터 받은 말씀으로, 이 말씀으로 힘을 얻고 다시 일어섰다.

**쓰고 엮은이  단아 손영희**  다년간 광고 디자이너로 활동 중 개성 있는 광고 제작을 위해 지금의 단아체와 02체를 개발하였다. 붓으로 직접 쓴 것으로, 기존의 붓글씨와는 다른 현대적인 붓터치로 붓의 유연함이 살아 있는 글씨체로 평가받고 있다. 2002 월드컵 〈오! 필승 코리아〉 서체로 이름이 널리 알려졌고, 지금은 산새작업실에서 주로 《성경》 구절을 쓰는 작업을 하고 있다.

마음을 나눠주는 사랑의 말씀

초판 1쇄 인쇄  2009년 12월 1일   초판 1쇄 발행  2009년 12월 7일   **쓰고 엮은이** | 손영희   **펴낸이** | 한 순 이희섭   **펴낸곳** | 나무생각
**편집** | 정지현 이은주   **디자인** | 이은아   **마케팅** | 김종문   **관리** | 김하연   **출판등록** | 1998년 4월 14일 제13–529호   **주소** | 서울특별시 마포구 서교동 475–39 1F
**전화** | 02) 334–3339, 3308, 3361   **팩스** | 02) 334–3318   **이메일** | tree3339@hanmail.net   **홈페이지** | www.namubook.co.kr
글씨 © 손영희, 2009   ISBN 978-89-5937-185-3 13230   값은 뒤표지에 있습니다. 잘못된 책은 바꿔 드립니다.
나무생각이 발행하는 '노나주는책'은 특허청 상표등록 출원 중입니다(출원번호 40-2009-0038828).

사는 것이 막막하고 기쁨을 느끼지 못하는 날이 있습니다. 그런 날 주님께서 주신 사랑의 말씀이 생각나면 큰 위안과 용기를 얻습니다. 그리고 우리 마음속에선 다시 기쁨의 생기가 일어나곤 합니다. 《노나주는책》은 책 한 권을 내가 읽고 여러 사람들과 나눌 수 있는 기쁨을 위해 만들었습니다. 마음이 힘든 친구를 만났을 때, 절망에 빠진 사람을 위로하고 싶을 때 주님의 《사랑의 말씀》을 한 장 뜯어 줄 수 있는 책입니다. 가방에 넣어 가지고 다니면서 어느 때나 마음을 노나줄 수 있습니다.

* 노나주는책 : '노나주다'는 '노느다'와 '주다'의 합성어입니다.
    '한 장의 책에 마음을 실어 노나 주다'라는 의미로, 이 책에서는 붙여 사용했음을 밝힙니다.

* 이 책은 《성경》의 구절을 붓글씨로 써서 만들었습니다.

하늘에 계신 주여
내가 눈을 들어
주께 향하나이다

시편 123:1 말씀

노나주는책

나무생각 | 마음을 노나주는 사랑의 말씀 | 단아 손영희 쓰고 엮음 | ISBN 978-89-5937-185-3 | www.namubook.co.kr | TEL 02-334-3339

나를 기가 막힐 웅덩이와 수렁에서 끌어 올리시고 내 발을 반석 위에 두사 내 걸음을 견고케 하셨도다

시편 40:2 말씀

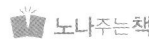
노나주는책

나무생각 : 마음을 노나주는 사랑의 말씀 : 단아 손영희 쓰고 엮음 : ISBN 978-89-5937-185-3 : www.namubook.co.kr | TEL 02-334-3339

내가 어려서부터 늙기까지
악인이 버림을 당하거나 그 자손이
걸식함을 보지 못하였도다
저는 종일토록 은혜를 베풀고 꾸어 주니
그 자손이 복을 받는도다

시편 37 : 25-26 말씀

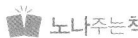

노나주는책

나무생각 | 마음을 노나주는 사랑의 말씀 | 단아 손영희 쓰고 엮음 | ISBN 978-89-5937-185-3 | www.namubook.co.kr | TEL 02-334-3339

여호와는 나의 산업과 나의 잔의 소득이시니
나의 분깃을 지키시나이다
내게 줄로 재어 준 구역은 아름다운 곳에 있음이여
나의 기업이 실로 아름답도다

나를 훈계하신 여호와를 송축할지라
밤마다 내 심장이 나를 교훈하도다

내가 여호와를 항상 내 앞에 모심이여
그가 내 오른쪽에 계시므로
내가 흔들리지 아니하리로다

시편 16:5-8 말씀

노나주는책

나무생각 | 마음을 노나주는 사랑의 말씀 | 단아 손영희 쓰고 엮음 | 원작 | 978-89-5937-185-3 | www.namubook.co.kr | 팩스 02-334-3339

나는 가난하고 궁핍하오니 하나님이여 속히 내게 임하소서
주는 나의 도움이시요 나를 건지시는 자시오니 여호와여 지체하지 마소서

시편 70 : 5 말씀

노나주는책

나무생각 | 마음을 노나주는 사랑의 말씀 | 단아 손영희 쓰고 엮음 | ISBN 978-89-5937-185-3 | www.namubook.co.kr | TEL. 02-334-3339

나의 반석이시요
내가 구속자이신 여호와여
내 입의 말과 마음의 묵상이
주의 앞에 열납 되기를
원하나이다

시편 19 : 14 말씀

노나주는 책

나무생각 | 마음을 노나주는 사랑의 말씀 | 단아 손영희 쓰고 엮음 | ISBN 978-89-5937-185-3 | www.namubook.co.kr | TEL. 02-334-3339

나를 보내신 이가 나와 함께 하시도다

내가 항상 그의 기뻐하시는 일을 행하므로

나를 혼자 두지 아니하셨느니라

요한복음 8:29 말씀

노나주는책

나무생각 : 마음을 노나주는 사랑의 말씀 : 담아 손영화 씨가 엮음 : ISBN 978-89-5937-185-3 : www.namubook.co.kr 전화 02-334-3339

여호와께서
내 음성과 내 간구를
들으시므로 내가 저를
사랑하는도다 💚

시편 116 : 1 말씀

노나주는책

나무생각 ┆ 마음을 노나주는 사랑의 말씀 ┆ 단아 손영희 쓰고 엮음 ┆ ISBN 978-89-5937-185-3 ┆ www.namubook.co.kr ┆ TEL. 02-334-3339

마음을 같이 하여 같은 사랑을 가지고 뜻을 합하며
한 마음을 품어 아무 일에든지 다툼이나 허영으로
하지 말고 오직 겸손한 마음으로 각각 자기보다 남을
낫게 여기고 각각 자기 일을 돌아볼 뿐더러 또한
각각 다른 사람들의 일을 돌아보아 너의 기쁨을 충만케 하라

너희 안에 이 마음을 품으라
곧 그리스도 예수의 마음이니

빌립보서 2:2-5 말씀

나무생각 | 마음을 노나주는 사랑의 말씀 | 단아 손영희 쓰고 엮음 | ISBN 978-89-5937-185-3 | www.namubook.co.kr | TEL 02-334-3339

환난 날에 나를 부르라
내가 너를 건지리니
네가 나를 영화롭게 하리로다

시편 50 : 15 말씀

노나주는책

나무생각 | 마음을 노나주는 사랑의 말씀 | 단아 손영희 쓰고 엮음 | ISBN 978-89-5937-185-3 | www.namubook.co.kr | TEL. 02-334-3339

여호와께서 내게 주신
모든 은혜를 무엇으로 보답할꼬
　　내가 구원의 잔을 들고 여호와의 이름을 부르며
여호와의 모든 백성 앞에서
　　나의 서원을 여호와께
갚으리로다

시편 116 : 12-14 말씀

노나주는책

나무생각 | 마음을 노나주는 사랑의 말씀 | 단아 손영희 쓰고 엮음 | ISBN : 978-89-5937-185-3 | www.namubook.co.kr | TEL : 02-334-3339

지혜가 있는 자에게 교훈을 더 하라
그가 더욱 지혜로워 질 것이요
의로운 사람을 가르치라
그의 학식이 더 하리라     잠언 9:9 말씀

 노나주는책

 나무생각 ┊ 마음을 노나주는 사랑의 말씀 ┊ 단아 손영희 쓰고 엮음 ┊ ISBN 978-89-5937-185-3 ┊ www.namubook.co.kr ┊ TEL 02-334-3339

우리가 알거니와 하나님을 사랑하는자
곧 그 뜻대로 부르심을 입은 자들에게는
모든것이 합력하여
선을 이루느니라     로마서 8 : 28 말씀

노나주는책

나무생각 : 마음을 노나주는 사랑의 말씀 : 던아 손영희 쓰고 엮음 : ISBN 978-89-5937-185-3 : www.namubook.co.kr : TEL 02-334-3339

천하에 범사가 기한이 있고 모든 목적이 이룰 때가 있나니
날 때가 있고 죽을 때가 있으며 심을 때가 있고 심은 것을
뽑을 때가 있으며 죽일 때가 있고 치료 시킬 때가 있으며
헐 때가 있고 세울 때가 있으며 울 때가 있고 웃을 때가 있으며
슬퍼할 때가 있고 춤출 때가 있으며

돌을 던져 버릴 때가 있고 돌을 거둘 때가 있으며
안을 때가 있고 안는 일을 멀리 할 때가 있으며
찾을 때가 있고 잃을 때가 있으며 지킬 때가 있고 버릴 때가 있으며
찢을 때가 있고 꿰맬 때가 있으며 잠잠할 때가 있고 말할 때가
있으며 사랑할 때가 있고 미워할 때가 있으며 전쟁할 때가
있고 평화할 때가 있느니라                    전도서 3:1-8 말씀

노나주는책

나무생각 | 마음을 노나주는 사랑의 말씀 | 단아 손영희 쓰고 엮음 | ISBN 978-89-5937-185-3 | www.namubook.co.kr | TEL 02-334-3339

여호와께서 너를 실족지 않게 하시며
너를 지키시는 자가 졸지 아니하시리로다

시편 121 : 3 말씀

노나주는책

나무생각 : 마음을 노나주는 사랑의 말씀 : 단아 손영희 쓰고 엮음 : ISBN 978-89-5937-185-3 : www.namubook.co.kr : TEL 02-334-3339

비록 무화과나무가 무성치 못하며
포도나무에 열매가 없으며
감람나무에 소출이 없으며
밭에 식물이 없으며
우리에 양이 없으며
외양간에 소가 없을지라도
나는 여호와를 인하여 즐거워하며 나의 구원의
하나님을 인하여 기뻐하리로다          하박국 3 : 17~18 말씀

노나주는책

나무생각 : 마음을 노나주는 사랑의 말씀 | 단아 손영희 쓰고 엮음 | ISBN 978-89-5937-185-3 | www.namubook.co.kr | TEL. 02-334-3339

주 여호와는 나의 힘이시라
나의 발을 사슴과 같게 하사
나로 나의 높은 곳에 다니게 하시리로다

하박국 3:19 말씀

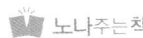
노나주는책

나무생각 | 마음을 노나주는 사랑의 말씀 | 단아 손영희 쓰고 엮음 | ISBN 978-89-5937-185-3 | www.namubook.co.kr | 전화 02-334-3339

여호와는 나의 목자시니 내가 부족함이 없으리로다
그가 나를 푸른 초장에 누이시며 쉴 만한 물가으로 인도하시는도다
내 영혼을 소생시키시고 자기 이름을 위하여 의의 길로 인도하시는도다

내가 사망의 음침한 골짜기로 다닐지라도 해를 두려워하지 않을 것은
주께서 나와 함께 하심이라 주의 지팡이와 막대기가
나를 안위하시나이다

주께서 내 원수의 목전에서 내게 상을 베푸시고 기름으로
내 머리에 바르셨으니 내 잔이 넘치나이다
나의 평생에 선하심과 인자하심이 정녕 나를 따르리니
내가 여호와의 집에 영원히 거하리로다

시편 23 : 1-6 말씀

노나주는책

나무생각 | 마음을 노나주는 사랑의 말씀 | 단아 손영희 쓰고 엮음 | ISBN 978-89-5937-185-3 | www.namubook.co.kr | TEL. 02-334-3339

두려워 말라 내가 너와 함께 함이니라
놀라지 말라 나는 네 하나님이 됨이니라
내가 너를 굳세게 하리라
참으로 너를 도와 주리라
참으로 나의 의로운 오른손으로 너를 붙들리라

이사야 41 : 10 말씀

나무생각 | 마음을 노나주는 사랑의 말씀 | 단아 손영희 쓰고 엮음 | ISBN 978-89-5937-185-3 | www.namubook.co.kr | TEL 02-334-3339

그러므로
너희는 정신을 차리고
근신하여 기도하라

무엇보다도 열심으로 서로 사랑할지니
사랑은 허다한 죄를 덮느니라

베드로전서 4 : 7 - 8 말씀

노나주는책

나무생각 ｜ 마음을 노나주는 사랑의 말씀 ｜ 단아 손영희 쓰고 엮음 ｜ ISBN 978-89-5937-185-3 ｜ www.namubook.co.kr ｜ TEL. 02-334-3339

여호와는 너를 지키시는 자라
여호와께서 네 오른편에서 네 그늘이
되시나니 낮의 해가 너를 상치 아니하며
밤의 달도 너를 해치 아니하리로다

시편 121 : 5-6 말씀

노나주는책

나무생각 : 마음을 노나주는 사랑의 말씀 | 단아 손영희 쓰고 엮음 | ISBN 978-89-5937-185-3 | www.namubook.co.kr | TEL 02-334-3339

사랑하는 자여
네 영혼이 잘됨같이

네가 범사에 잘되고
강건하기를
내가 간구하노라

요한삼서 1:2 말씀

노나주는책

나무생각 | 마음을 노나주는 사랑의 말씀 | 단아 손영희 쓰고 엮음 | ISBN 978-89-5937-185-3 | www.namubook.co.kr | TEL. 02-334-3339

여호와께서 너의 출입을 지금부터 영원까지 지키시리로다 시편 121 : 8 말씀

노나주는책

나무생각 | 마음을 노나주는 사랑의 말씀 | 단아 손영희 쓰고 엮음 | ISBN 978-89-5937-185-3 | www.namubook.co.kr | TEL. 02-334-3339

사람이 사는 동안에 기뻐하며 선을 행하는
것보다 나은것이 없는 줄을 내가 알았고

사람마다 먹고 마시는 것과 수고함으로 낙을 누리는것이
하나님의 선물인 줄을 또한 알았도다

전도서 3:12-13 말씀

노나주는책

나무생각 : 마음을 노나주는 사랑의 말씀 : 단아 손영희 쓰고 엮음 : ISBN 978-89-5937-185-3 : www.namubook.co.kr : TEL. 02-334-3339

너희가 내 안에 거하고
내 말이 너희 안에 거하면
무엇이든지 원하는 대로 구하라
그리하면 이루리라   요한복음 15:7 말씀

노나주는책

나무생각 ┆ 마음을 노나주는 사랑의 말씀 ┆ 단아 손영희 쓰고 엮음 ┆ ISBN 978-89-5937-185-3 ┆ www.namubook.co.kr ┆ TEL 02-334-3339

눈물을 흘리며 씨를 뿌리는 자는
기쁨으로 거두리로다

 시편 126:5 말씀

노나주는책

나무생각   마음을 노나주는 사랑의 말씀 | 단아 손영희 쓰고 엮음 | ISBN 978-89-5937-185-3 | www.namubook.co.kr | 전화 02-334-3339

태초에
하나님이
천지를
창조
하시니라

노나주는책

나무생각 | 마음을 노나주는 사랑의 말씀 | 단아 손영희 쓰고 엮음 | ISBN 978-89-5937-185-3 | www.namubook.co.kr | TEL. 02-334-3339

울며 씨를 뿌리러 나가는 자는
정녕 기쁨으로 그 단을 가지고 돌아오리로다

시편 126 : 6 말씀

노나주는책

나무생각 | 마음을 노나주는 사랑의 말씀 | 단아 손영희 쓰고 엮음 | ISBN 978-89-5937-185-3 | www.namubook.co.kr | TEL 02-334-3339

너희는 먼저 그의 나라와 의를 구하라
그리하면 이 모든 것을 너희에게 더하시리라
그러므로 내일 일을 위하여 염려하지 말라

내일 일은 내일 염려할 것이요
한날 괴로움은 그 날에 족하니라

마태복음 6:33-34 말씀

노나주는책

나무생각 | 마음을 노나주는 사랑의 말씀 | 단아 손영희 쓰고 엮음 | ISBN 978-89-5937-185-3 | www.namubook.co.kr | TEL. 02-334-3339

내가 산을 향하여
눈을 들리라 내 도움이 어디서 올까
나의 도움이 천지를 지으신
여호와에게서로다

시편 121 : 1-2 말씀

노나주는책

나무생각 | 마음을 노나주는 사랑의 말씀 | 단아 손영희 쓰고 엮음 | ISBN 978-89-5937-185-3 | www.namubook.co.kr | TEL. 02-334-3339

각각 은사를 받은 대로 하나님의
각양 은혜를 맡은 선한 청지기같이
서로 봉사하라 💚 베드로전서 4:10 말씀

노나주는책

나무생각 ┊ 마음을 노나주는 사랑의 말씀 ┊ 단아 손영희 쓰고 엮음 ┊ ISBN 978-89-5937-185-3 ┊ www.namubook.co.kr ┊ TEL. 02-334-3339

여호와여 주께서 나를 감찰하시고
아셨나이다
주께서 나의 앉고 일어섬을 아시며
멀리서도 나의 생각을 통촉하시오며
나의 길과 눕는 것을 감찰하시며
나의 모든 행위를 익히 아시오니

여호와여
내 혀의 말을 알지 못하시는 것이
하나도 없으시니이다

시편 139 : 1~4 말씀

노나주는책

나무생각 : 마음을 노나주는 사랑의 말씀 : 단아 손영희 쓰고 엮음 : ISBN 978-89-5937-185-3 : www.namubook.co.kr : TEL 02-334-3339

그러므로 하나님의 능하신 손 아래에서 겸손하라 때가 되면 너희를 높이시리라  베드로전서 5 : 6 말씀

노나주는책

나무생각 | 마음을 노나주는 사랑의 말씀 | 단아 손영희 쓰고 엮음 | ISBN 978-89-5937-185-3   www.namubook.co.kr | Tel. 02-334-3339

주의 약속은 어떤이의 더디다고 생각하는 것같이
더딘 것이 아니라 오직 너희를 대하여
오래 참으사 아무도 멸망치 않고
다 회개 하기에 이르기를 원하시느니라          베드로후서 3:9 말씀

노나주는책

나무생각 : 마음을 노나주는 사랑의 말씀 : 단아 손영희 쓰고 엮음 : ISBN 978-89-5937-185-3 : www.namubook.co.kr : TEL 02-334-3339

너의 행사를 여호와께 맡기라
그리하면 너의 경영하는 것이
이루리라

잠언 16:3 말씀

노나주는책

나무생각 ┊ 마음을 노나주는 사랑의 말씀 ┊ 단아 손영희 쓰고 엮음 ┊ ISBN 978-89-5937-185-3 ┊ www.namubook.co.kr ┊ TEL. 02-334-3339

사람이 감당 할 시험밖에는
너희에게 당한 것이 없나니
오직 하나님은 미쁘사
너희가 감당치 못할 시험당함을
허락지 아니하시고
시험당할 즈음에 또한 피할 길을 내사
너희로 능히
감당하게 하시느니라

고린도전서 10:13 말씀

노나주는책

나무생각 : 마음을 노나주는 사랑의 말씀 : 단아 손영희 쓰고 엮음 : ISBN 978-89-5937-185-3 : www.namubook.co.kr : 전화 02-334-3339

내게 능력 주시는 자 안에서 내가 모든 것을 할 수 있느니라   빌립보서 4:13 말씀

노나주는책

나무생각 ┊ 마음을 노나주는 사랑의 말씀 ┊ 단아 손영희 쓰고 엮음 ┊ ISBN 978-89-5937-185-3 ┊ www.namubook.co.kr ┊ TEL. 02-334-3339

네가 만일 네 입으로 예수를
주로 시인하며 또 하나님께서
그를 죽은자 가운데서 살리신 것을
네 마음에 믿으면
구원을 얻으리니

로마서 10:9말씀

노나주는책

나무생각 · 마음을 노나주는 사랑의 말씀 · 단아 손영희 쓰고 엮음 · ISBN 978-89-5937-185-3 · www.namubook.co.kr · Tel. 02-334-3339

여호와께서 너를 지켜 모든 환난을 면케 하시며 또 네 영혼을 지키시리로다

시편 121:7 말씀

노나주는책

나무생각 | 마음을 노나주는 사랑의 말씀 | 단아 손영희 쓰고 엮음 | ISBN 978-89-5937-185-3 | www.namubook.co.kr | TEL. 02-334-3339

주여

모든 것을 아시오매
내가 주를 사랑하는 줄을
주께서 아시나이다

요한복음 21:17 말씀

노나주는책

나무생각 | 마음을 노나주는 사랑의 말씀 | 단아 손영희 쓰고 엮음 | ISBN 978-89-5937-185-3 | www.namubook.co.kr | TEL 02-334-3339

주께서 나의 슬픔을 변하여 춤이 되게 하시며
나의 베옷을 벗기고 기쁨으로 띠 띠우셨나이다
이는 잠잠치 아니하고 내 영광으로 주를 찬송케 하심이니
여호와 나의 하나님이여
내가 주께 영영히 감사하리이다

시편 30:11-12 말씀

노나주는책

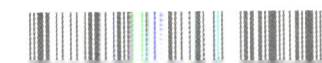

나무생각 : 마음을 노나주는 사랑의 말씀 : 단아 손영희 쓰고 엮음 : ISBN 978-89-5937-185-3 : www.namubook.co.kr : TEL. 02-334-3339